www.leopardmasque.com

ISBN : 978-2-35049-054-0

Les éditions du Léopard Masqué sont une division de la SAS Arconsil.

Gordon Zola

Les Chaventuriers de l'H perdu

illustré par

Lou Mogis

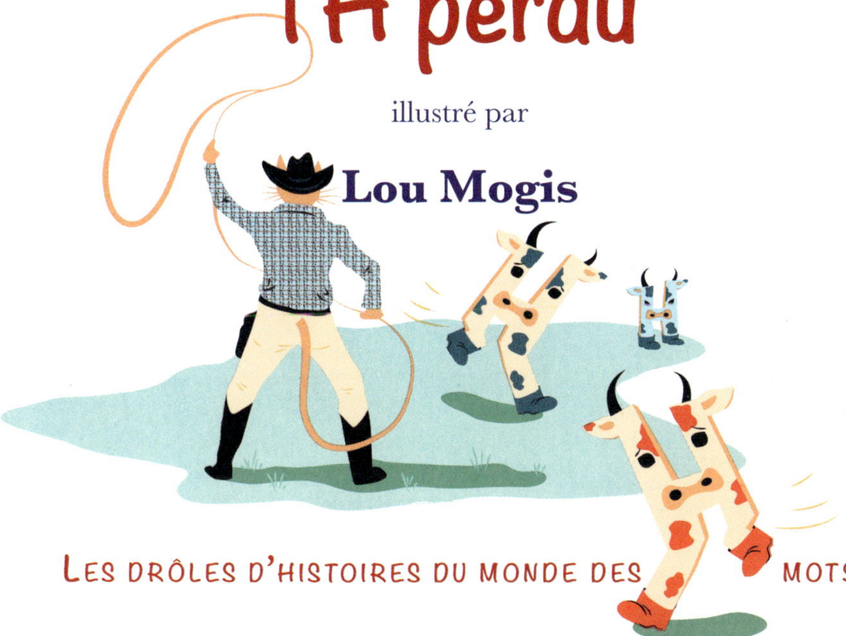

LES DRÔLES D'HISTOIRES DU MONDE DES MOTS

GALIMATIAS
LE MONDE DES LETTRE
ET DES MOTS
PIC EPIC
COL
EGRAM
MINE DU
PÈRE CRAYON
FORÊT
DES
CONSONNES
USINE
DES
MOTS
BOIS DES
APOSTROPHES
PONT
DES
VOYELLES
VILLAGE
DE BARAGO
RIVIÈRE VOYELLE
CHÂTEAU DE
MARGOUILLIS
MARAIS
DES
MOTS LAIDS

Les drôles d'histoires du monde des mots

Quelque part sous nos pieds ou sur nos têtes, dans le fond d'une vieille armoire ou au cœur d'une machine à laver – allez savoir –, il existe un drôle de monde qui s'appelle Galimatias. C'est là que s'inventent et se fabriquent les mots, les phrases ou les expressions.

Dans ce monde un peu fou, mais nécessaire, on trouve des forêts où se cueillent les consonnes, des rivières où se pêchent les voyelles, des jungles où se chassent les amis-mots sauvages ; on y voit des champs de points, des prairies de virgules, des bois d'apostrophes ; on y découvre aussi de drôles de bureaux où s'imaginent de drôles de choses…

On rencontre également des tas de personnages amusants et étranges qui font de leur mieux pour que soient livrés dans notre monde tous les mots dont nous avons besoin chaque jour pour écrire, parler ou réfléchir.

Les secrets de Galimatias ont longtemps été gardés… ou perdus dans les recoins de l'Histoire. Mais n'est-il pas temps aujourd'hui de les révéler enfin ?

C'est ce que mademoiselle Lou Mogis et monsieur Gordon Zola, archéologues de l'humour et aventuriers des mots, ont décidé de mener à bien.

Il y a du génie dans la bouteille d'encre !

Mademoiselle Eugénie Bouteille, génie de la bouteille d'encre, nous accompagnera tout au long de ces drôles d'histoires du monde des mots afin de nous faciliter la tâche et non pas la tache.

Cette jeune fille sympathique nous aidera à y voir plus clair sur certains mots ou certaines expressions...

Si parfois au cours du texte vous voyez rouge sachez que notre amie de la bouteille d'encre ne sera pas bien loin...

Bonne lecture.

La tâche et non pas la tache

L'une désigne un travail, une corvée, l'autre une salissure. Comment ne plus faire d'erreur ? voici une petite astuce toute simple : l'accent circonflexe pèse sur le « a » comme le travail pèse sur vos épaules.

I

Le colonel Le Melon entre en piste

Le jour se levait doucement sur Galimatias. Le ciel était un peu rose avec de longues traînées blanches qui faisaient comme des rubans déchirés. Quelques L, ces grands oiseaux du pays, volaient au-dessus des champs humides, profitant de l'absence des chasseurs qui dormaient encore, ces fameux chasseurs à tire-d'L.

À cette heure matinale, où le pays des lettres et des mots ronflait toujours, Tô, le chat-poney, se promenait sur un petit chemin de campagne, en marmonnant et en bâillant dans sa moustache. Ce félin à crinière n'était pas très heureux, car il aimait les belles grasses matinées... C'était un véritable **poney de nuit**.

Ce curieux animal qui descendait peut-être d'un chamouraï n'était pas seul dans sa promenade matinale. Sur son dos était confortablement installé un grand bonhomme tout long, dont les jambes touchaient presque le sol. Cette silhouette droite et haute observait la campagne avec attention. Il posait un regard sérieux sur la rosée un peu glacée, un regard sérieux et interrogateur. Il s'agissait du colonel Le Melon, un homme respecté de Galimatias, car il s'occupait de la police – bien que nous fûmes dans le monde des mots, il ne s'agissait pas d'une police de caractères, mais bien d'une vraie police qui faisait des enquêtes et arrêtait les malfaisants. Eh oui, à Galimatias, il y avait, comme partout ailleurs, des malfaisants ! Des malfaisants qui « malfaisaient », qui faisaient mal !

— Arrêtez-vous, monsieur Tô !

Sans retard, le chat-poney arrêta. Le colonel Le Melon mit pied à terre.

— Regardez là-bas, le champ est vide !

En effet, le champ était vide.

— Encore un troupeau qui a disparu ! C'est le quatrième en deux jours.

— Et le dernier ! constata le chat Tô. C'est vraiment la tuile !

Depuis la veille, un phénomène étrange et inquiétant était

apparu dans les vertes campagnes de Galimatias : tout un troupeau de H avait disparu, puis un deuxième et un troisième…

Une véritable catastrophe !

— Tout cela est bien embêtant, marmonna le colonel Le Melon, le patron va encore être furieux !

Le patron s'appelait Oscar Havane et il était le directeur de la fabrique des mots, l'usine où on assemblait les lettres. C'était un gros bonhomme un peu autoritaire qui faisait souvent trembler ses employés, car il était très soupe-au-lait, surtout quand les ressorts de son canapé grinçaient ou que sa machine à agrafes était vide.

Pour faire face à ces disparitions insolites, Oscar Havane avait lancé son meilleur enquêteur sur la piste H.

Le chat-poney émit un petit sifflement de surprise entre ses lèvres.

— Nous allons donc enquêter sur la pistache, colonel.

— Évidemment, mon bon Tô. Hier soir, monsieur Havane a posé une main sur mon épaule, m'a regardé droit dans les yeux et m'a dit : « Colonel Le Melon, le moment est grave ! On me signale la disparition de plusieurs troupeaux de H ! Faites quelque chose ou nous courons au naufrH ! Enfin, au naufrage ! »

— L'heure est peut-être grave, admit Tô, en bâillant, mais elle est aussi très matinale.

— C'est l'heure H !

Le chat-poney dut se rendre à l'évidence.

— À votre avis, que s'est-il passé, colonel ?

Le policier en chef caressa son menton un peu pointu et fronça ses gros sourcils en buisson sauvage.

— Mmmm !

Il fit quelques pas et s'approcha de l'enclos tout bleu.

— Il est étrange que cet enclos soit ouvert.

— C'est vrai, d'autant qu'il est tout bleu ! s'étonna Tô qui avait souvent du mal à comprendre ce que disait son patron.

Le colonel Le Melon observa la hauteur des haies qui formaient une belle forteresse de verdure et il se mit à quatre pattes devant le portail pour examiner les traces dans l'herbe mouillée.

— Il est évident qu'il y a eu précipitation… Les H sont sortis d'ici en se bousculant. Nous avons là des traces de panique.

— C'est fâcheux.

— Ils ont probablement été attaqués !

— Mais par quoi ?

— C'est en effet la question.

Le colonel Le Melon et son assistant étaient bien embêtés. De mémoire de Galimatien, jamais aucun troupeau de H n'avait été attaqué. Les H étaient des lettres plutôt tranquilles, dont les occupations principales était de regarder passer les trains, de mâchonner de l'herbe et de jouer à cache-qu'H.

Qui aurait pu vouloir du mal à ces pauvres petites choses ?

Un petit gémissement s'échappa soudain d'un bosquet, un jappement étouffé, un miaulement étriqué.

Un rescapé ?

Les deux policiers s'approchèrent doucement, prudents. D'un

geste autoritaire, le colonel ordonna à son adjoint d'écarter les fourrés.

Là, devant eux…

Surprise !

*

Poney de nuit

Il s'agit ici d'un calembour avec l'expression, « triste comme un bonnet de nuit » qui désigne quelqu'un qui n'aime pas faire la fête.

Le colonel Le Melon

2

Achille, le gardien de H

Un jeune chaventurier était couché dans l'herbe, ficelé avec du fil de plume comme un vieux saucisson. Il avait aussi un bâillon sur la bouche. Ses longues moustaches étaient toutes tordues et ses beaux yeux en amande, très humides.

Le colonel Le Melon, qui connaissait bien son monde à Galimatias, reconnut aussitôt le jeune Achille, le gardien de H, un des quelques chaventuriers chargés de s'occuper de ces petites lettres des champs. Ces chaventuriers, bondissants et malins, étaient les seuls à comprendre le langage des H et faisaient de parfaits gardiens…

… Enfin, jusqu'à aujourd'hui.

Ils étaient en général spécialisés dans la chasse des amis-mots sauvages, comme « sapristi », « saperlipopette », « zut », « dahu » ou encore « fichtre » ou « mazette », tous ces petits mots que le pays de l'Outre-monde (le tien, cher lecteur) aime bien garder sans trop savoir pourquoi ; il ne s'en sert jamais.

Impatient, le visage tout rouge, Achille remuait comme un ver. Le chat-poney croqua ses liens pour le libérer.

Achille se releva comme un ressort en disant des mots trop gros pour lui, des mots que l'on jetait généralement dans le marais des mots laids, le marais des mots moches.

— Ah, les bourrichons ! Les rhododendrons ! Les verrues ! Les… *Ouille !*

Il venait de se tâter le sommet de la tête où trônait une énorme bosse, grosse comme un œuf de Pâques.

Le colonel leva une main.

— Calme-toi, jeune Achille, et dis-nous plutôt ce qui s'est passé. Avec Tô, nous sommes là pour résoudre le mystère. Nous sommes des spécialistes.

Cela était dit avec une certaine assurance… l'assurance d'un paon.

— Mais c'est très simple, colonel, je n'en sais rien ! miaula le chaventurier. Rien du tout !

— Comment ça, tu n'en sais rien, jeune cabossé ? Tenterais-tu de te moquer de la police, par hasard ?

— Mais pas du tout, colonel ! Hier soir, tout était en ordre. Mes H broutaient tranquillement dans le champ, jouaient à cache-qu'H, regardaient le train passer à H-5, et je m'apprêtais à boucler l'enclos, comme tous les soirs, quand j'ai reçu un coup sur la tête. Je suis tombé dans les pommes !

— Tu n'as donc vu personne !

— Personne, on m'a pris en traître.

— C'est très ennuyeux.

— Je suis bien d'accord, admit le hacher (ou garçon de H) en se caressant la bosse, d'autant que je devais livrer toute une cargaison à l'usine des mots, ce matin.

— À ton avis, Achille, qui aurait pu en vouloir aux H ? Ce sont des petites lettres inoffensives. Elles n'ont jamais fait de mal à personne.

— Non, jamais ! Les H sont discrets et travailleurs… Ils se tuent à la t'H.

Le chaventurier fronça les sourcils.

— Généralement, ils sont plutôt drôles, mais depuis quelque temps déjà, ils paraissaient inquiets et nerveux.

Le colonel Le Melon prit quelques notes dans son carnet.

— Peut-être les a-t-on menacés ? Mais qui ?

— Je ne vois qu'une seule personne à Galimatias capable de commettre un tel forfait…

Le ciel se couvrit aussitôt d'un gros nuage noir chargé d'une pluie bien froide.

— Cela ne peut être que le comte Eustache d'Encre !

Le tonnerre craqua, accompagné d'un éclair.

La simple évocation de ce nom terrible faisait trembler le ciel et les habitants de Galimatias.

— Oui, hocha de la tête le colonel Le Melon, vous avez sans doute raison… Eustache a chapardé les H !

— C'est vache !

— En effet, et je crois qu'une visite s'impose au château de Margouillis. Nous allons devoir être prudents pour que le comte ne se doute pas que nous le soupçonnons.

*

3

Visite chez le comte

Personnage sombre et inquiétant, cet Eustache d'Encre était d'une vieille famille du pays, peut-être même la plus vieille famille du pays ! C'était en tout cas ce qu'il hurlait sur tous les tons de sa voix grinçante et rouillée, car son rêve était de prendre les commandes de Galimatias. Il voulait être le chef, le roi, le président ! Il voulait donner des ordres à tout le monde. Il voulait être tout ! Tout ! Tout ! Mais à force de n'être rien du tout, il était devenu très méchant, acariâtre et ronchonneur. Il haïssait les mots, la langue, il détestait les Galimatiens et leur gentillesse, il ne supportait pas de les voir servir aveuglément les gens de l'Outre-monde ! Il s'énervait comme une puce ayant des puces de les voir travailler jour et nuit pour cultiver toutes ces maudites lettres et produire tous ces vilains mots ! Si Galimatias cessait de livrer le monde des bavards, ils deviendraient muets, voilà tout ! La belle affaire ! Et les Galimatiens pourraient enfin travailler pour lui, être à ses ordres, à ses pieds ! Quel bonheur ce serait ! Quelle volupté ! Tous ces esclaves rien que pour lui.

Eustache d'Encre faisait les cent pas dans sa grande bibliothèque sans livres… car il détestait les livres encore plus que tout, ces petites forteresses de mots et de phrases, *beurk !*

Il réfléchissait au prochain mauvais coup qu'il pourrait porter à ces travailleurs infatigables. Son travail de sape dans la mine du père Crayon n'avait pas marché… Il lui fallait trouver autre chose !

— Qu'en penses-tu, Fouin ?

Fouin était la « patte » droite du comte. C'était un chat louche qui louchait, doté d'une queue qui partait en quenouille, de moustaches tordues et il avait une peur incontrôlée des grenouilles ; cependant, il était toujours d'excellent mauvais conseil.

— Et si nous détruisions les champs de virgules ? Les habitants de l'Outre-monde ne pourraient plus respirer.

— Hé, hé, voilà une idée qui ne manque pas de souffle ! Mais ne serait-il pas plus simple de supprimer l'R ? Un monde sans R serait irrespirable !

— *Miaou !* acquiesça le chat Fouin. Mais comment f'R ?

Les deux complices n'eurent pas le temps d'aller plus loin dans leurs sinistres plans, car on venait de sonner à la porte. Un gros *dring !* qui fit trembler les murs du château.

— Ah ! Que nous veut-on ? Encore des gêneurs !

Le comte attrapa sa canne au pommeau d'ivoire et alla ouvrir, de méchante humeur, suivi par son chat bancal.

Sur le perron du château se tenaient le colonel Le Melon et son assistant, Tô, droits comme le I du mot police.

Eustache d'Encre n'essaya même pas d'être aimable.

— Que me vaut cette visite désagréable, monsieur ?

Le policier en chef commença par un sourire sympathique. Sans doute cherchait-il à être poli pour ne pas brusquer le propriétaire du château des Margouillis.

— Monsieur le comte Eustache d'Encre ?

— Oui.

Nouveau sourire appuyé.

— Je suis le colonel Le Melon de la police de Galimatias.

— À vos souhaits !

Oh ! Oh ! L'insolent ! Le policier n'aimait pas se faire moucher de la sorte.

— Monsieur, j'aimerais vous poser quelques questions.

— Je ne réponds pas aux sondages.

Le colonel se sentait devenir rouge comme un piment dans un champ de tomates.

Un sondage ! Pouvait-on se moquer ainsi d'un représentant de l'ordre des lettres et des mots ?!

— J'écoute vos questions, monsieur le policier, et tâchez qu'elles ne m'importunent pas longtemps !

— Je serai bref ! Pourquoi avez-vous kidnappé les troupeaux de H ?

Dans une matinée déjà fraîche, la question jeta un nouveau froid. Tô le chat-poney tiqua sur la tactique taquine de son chef.

N'était-il pas un peu rapide en déduction ?

Les éclairs que lancèrent les yeux du comte ne réchauffèrent pas l'atmosphère.

— Quoi ?! Comment osez-vous ? Je suis le comte Eustache d'Encre, descendant de la plus vieille famille du pays et futur grand maître de Galimatias ! Quelle est donc cette accusation fanfaronne ?

Le plus sérieusement du monde, le colonel Le Melon exposa toute l'affaire et pointa un doigt accusateur sur le châtelain.

— Rendez les H ! Ou je vous arrache les poils de votre moustache, Eustache !

— Chiche, bravache !

— Ah ! Si je me fâche…

Le comte ricana.

— Même pas peur ! Vous êtes un lâche !

Le chat-poney levait les yeux au ciel, agacé. Quelle était cette bataille à coups de H que les deux hommes se livraient !

À présent, les deux hommes étaient nez à nez.

— Sortez de ma propriété, monsieur le policier ! Quand on accuse, il faut des preuves !

— Ne le prenez pas sur ce ton avec la police ou je vous embarque au poste !

— Vous parlez à un comte !

— Eh bien, votre compte est bon ! Ha ! Ha !

Les deux hommes étaient de plus en plus rouges.

— Et, d'après vous, môssieur le policier, où aurais-je pu mettre tous ces H ?

— Qui vole un œuf vole un bœuf ! Qui vole un H trouve une cache !

Surprise.

— Mais vous êtes sot !

*

4

Le lettrier

Nous étions maintenant à deux doigts d'une vilaine bagarre, avec de l'œil poché, du nez écrasé, de la dent cassée, de l'oreille mordue et de la joue meurtrie… Heureusement, le cri d'un lettrier arrêta la canne du comte qui était prête à s'abatte sur la tête du colonel.

Un lettrier ? sursautez-vous… Qu'est-ce donc qu'un lettrier ?

Hé, hé !

Le lettrier était un animal très apprécié et très utilisé chez les Galimatiens, car à Galimatias, il n'y avait pas de téléphone portable, il n'y avait pas de tablette, pas plus qu'il n'y avait d'ordinateur… Quel monde affreux ! se diront les plus « connectés » de l'Outre-monde. Il n'y avait pas de téléphone, certes, mais il y avait des lettriers.

Cet animal avec des plumes ou des poils ou les deux était une sorte d'oiseau qui ne volait pas, mais qui courait très vite. Il suffisait de crier « lettrier » pour qu'il apparaisse aussitôt. Il prenait note de votre message et l'apportait à votre destinataire dans la minute. Son arrivée était toujours précédée d'un petit cri, le dring.

Dring ! Dring !

L'animal s'arrêta net devant le colonel Le Melon.

Le lettrier ressemblait à un échassier, une sorte de héron avec de grandes pattes, un long bec, des yeux ronds et une crête bleue sur la tête ; il fallait ajouter une poche ventrale dans laquelle il rangeait le courrier. Comme les perroquets, il était capable de retenir votre message si vous n'aviez pas le temps de l'écrire et de le restituer.

Un grand mystère planait sur ces volatiles qui ne volaient pas. Nul ne connaissait leur origine. Ils étaient là, un point c'était tout.

Dring ! Dring !

L'oiseau tenait dans son bec, non pas un fromage, mais un message. Le policier s'en saisit et lut :

Colonel, venez vite au plateau des mille H, j'ai l'explication des disparitions... Le comte Eustache d'Encre n'y est pour rien. C'est terrible !

C'était signé Achille, le gardien de H.

Le colonel Le Melon fit une grimace. Comment allait-il s'y prendre pour ne pas perdre la face devant cet affreux comte ? Le policier était très fier et même très orgueilleux.

— Heu... vous m'avez traité de sot, monsieur le châtelain, c'est bien ça ?

— En effet ! Et je pourrais même ajouter que vous êtes un pitre policier, un clown enquêteur !

Le chat-poney crut un instant que son chef allait exploser comme un poivron au soleil, tellement il était rouge. Heureusement, il réussit à se calmer.

— Eh bien, sachez, monsieur, répondit tranquillement le colonel, que je ne m'abaisse pas à arrêter les gens qui m'insultent !

— Je pense bien... ça vous ferait un drôle de travail !

— Je préfère mépriser.

— Pardon ?

Eustache d'Encre se pinça pour être bien sûr d'avoir entendu.

— Monsieur Tô, en route, nous avons mieux à faire ailleurs que dans cette gargote !

— Une gargote ! Mon château ?

Le colonel tourna le dos au comte et grimpa sur celui de son chassistant.

Ce drôle d'équipage reprit la route, abandonnant Eustache d'Encre et le chat Fouin à une incompréhension totale.

*

5

Le retour des H

Sur la route, le colonel pressa le pas de sa monture.

— Dépêchez-vous, monsieur Tô, nous sommes attendus au champ des mille H.

— Que s'y passe-t-il, colonel ?

— J'aimerais bien le savoir. Dans son courrier, la « voix » d'Achille paraissait inquiète.

Quand ils eurent retraversé la campagne dans l'autre sens, passé quelques vallons et enjambé une ou deux rivières, ils entendirent de drôles de cris, une rumeur immense qui s'échappait au bout du chemin.

Le dernier virage passé, les deux policiers se retrouvèrent face à une foule compacte et en colère.

Ô surprise !

Tous les H semblaient être revenus et manifestaient leur colère en brandissant des banderoles.

« Dignité ! Dignité ! Nous voulons retrouver notre dignité ! »

« Destin ! Destin ! Nous voulons maîtriser notre destin ! »

Les deux policiers se regardèrent sans comprendre. Que se passait-il donc ?

Achille, le chaventurier, arriva en courant, tout affolé, les moustaches en bataille.

— Ah, colonel, vous tombez bien, il faut vite appeler des renforts !

— Des renforts ? Quels renforts ? Je suis le seul policier de Galimatias, avec le chat Tô. Où sont les autres chaventuriers ?

— J'ai envoyé le lettrier pour les prévenir… Ils vont venir, mais nous serons trop peu nombreux pour contenir cette masse en colère !

En effet, la foule de H donnait l'impression de grossir à vue d'œil.

— Ils viennent de partout !

— Mais quel est le problème, au juste ?

— Le problème, colonel, c'est qu'ils sont devenus fous !

— C'est la maladie de la H folle ?

— Non, du H fou, du H haineux ! répliqua le jeune Achille. Je vous rappelle que **le H est masculin.**

— C'est quoi, cette histoire de dignité et de destin ?

— Il faut demander à ce brave H là-bas !

Achille pointa son fouet vers un H plus grand que les autres… Un H majuscule.

— C'est à cause de lui que tout est arrivé ! J'aurais dû me méfier. C'est une forte tête ! Il s'appelle Hachtacus, c'est un rebelle !

Suivi d'une bande de H aux grimaces un peu effrayantes, ledit Hachtacus s'avança, le poing levé.

— *Dignité ! Nous voulons notre dignité !*

Le colonel Le Melon essaya de faire forte impression avec sa haute stature. Il n'allait pas se laisser impressionner par une lettre avec des jambes en poteaux de rugby !

— Hachtacus, recule ou je te transforme en hachis Parmentier ! C'est avec les H qu'on fait les meilleurs ! Une belle purée.

Même pas peur !

— *Respect ! Dignité ! Destin !*

— Que voulez-vous ?

— Respect ! Dignité ! Destin !

— Qu'est-ce que cela veut dire ?

Un coup de feu éclata.

Tout le monde se tut.

Le H est masculin

On peut dire une H, mais l'emploi le plus courant est le masculin.
En français, le H peut être muet ou aspiré. Ce dernier empêche la liaison.

6

La révolte

Non, ce n'était pas un coup de feu, c'était le pot d'échappement d'une petite voiture rouge qui arrivait en cahotant au bout du chemin. La voiture du directeur de l'usine des mots. Elle pétaradait comme un soir du Quatorze Juillet.

Le colonel Le Melon et le chat Tô se précipitèrent pour aider leur patron à s'extraire de sa petite voiture. Ce n'était pas une mince affaire, car le directeur, Oscar Havane, était gros.

Il était accompagné de mademoiselle Lou Piotte, sa secrétaire, jeune fille fine et discrète qui avait l'habitude de résoudre les problèmes à la place de son patron. La pauvre était coincée sur la banquette arrière.

Monsieur Havane réussit à sortir, tout rouge et avec le col de travers et la chemise en dehors du pantalon.

— Que se passe-t-il ? J'apprends que les H sont revenus… C'est une bonne nouvelle, mais je vais devoir punir !

Hachtacus s'avança.

— Non ! Nous ne sommes pas revenus ! Nous nous sommes échappés pour nous réunir et protester ! Et maintenant, nous faisons la grève !

— La grève ? La grève de quoi ?

— La grève de nous !

— Oh, la vache ! Mais pourquoi ? sourit béatement Oscar Havane.

— Nous voulons être entendus !

— Je vous écoute !

— Vous nous écoutez, mais vous ne nous entendez pas ! Nous voulons maîtriser notre destin ! Nous en avons assez de ne pas savoir si nous allons finir en H aspiré ou H muet ! Nous réclamons la parole !

Un autre H, plus petit, un H menu, s'avança aux côtés de Hachtacus.

— Je suis Hachtag. Nous voulons l'abolition des H muets, s'énerva-t-il, un point c'est tout !

— Oui, s'écria un autre, nous aspirons à une meilleure reconnaissance de notre fonction ! Nous voulons qu'on nous entende !

— Stop à l'injustice !

La parole se libérait dans les rangs des H. Les plus audacieux montraient leur colère.

— Nous n'avons plus envie d'aller à l'Hôtel…

— … ni finir à l'Hôpital !

— Ou d'avoir des Hallucinations !

— Nous ne voulons plus mordre à l'Hameçon…

— … et avoir mauvaise Haleine !

— Fini, l'Humiliation !

Hachtacus gonfla son poitrail de H pour montrer qu'il était le chef.

— Je suis le chef des mécontents !

— *Respect ! Dignité ! Destin !*

— Nous voulons pouvoir être criés dans des Hourras, voyager en Hongrie, prendre de la Hauteur, jouer de la Harpe ou du Hautbois, Hanter les dictionnaires, fumer des Havanes, courir sur le Haricot, caresser des Hérissons, avoir le Hoquet… Tout, mais ne plus être muets !

— Respect ! Dignité ! Destin !

Oscar Havane torturait un trombone entre ses gros doigts,

bouillonnant d'impatience. Il regardait sa secrétaire avec inquiétude. Il ne comprenait pas. C'était la première fois qu'une telle chose arrivait à Galimatias depuis qu'il dirigeait l'usine des mots. Quelle réponse devait-il apporter à cette affreuse situation ?

Il décida d'être ferme.

— Votre attitude est intolérable ! Je suis sourd à vos revendications !

— QUOI ? Sourd à nos revendications ! Vous entendez, les amis ?

Hachtacus était tout colère, les sourcils froncés et le poing menaçant.

Mademoiselle Lou Piotte regarda son patron avec un œil sombre.

— Puisque vous le prenez ainsi, reprit le H rebelle, nous allons organiser une grande marche de protestation dans Baragouin et nous irons crier : « aux H, citoyens ! »

Baragouin était la capitale de Galimatias.

Zut ! songea Oscar Havane. Si jamais le maire de la capitale, Hector Vigo, apprenait cette rébellion, il serait bien capable de demander mon renvoi de la direction de l'usine.

Ce Vigo était un affreux jaloux. Il fallait écraser cette révolte dans l'œuf ! Ça tombait bien, il n'y avait pas de H devant omelette !

— Messieurs ! Je n'irai pas par quatre chemins creux, si vous ne rentrez pas immédiatement dans vos enclos, je vous préviens que j'obtiendrai de l'Outre-monde la suppression définitive de l'H aspiré ! Là-bas, nombreux sont ceux qui le souhaitent ! Et vous deviendrez des zhéros ! des zharicots ! des zhousses ! des zhibous ! des zhuttes !

— Moi, je ne veux pas devenir zhaine ! cria un H anonyme.

On entendit quelques rires amers dans les rangs des rebelles.

— Je vous rappelle, messieurs les H, que vous êtes ici pour le bien commun de la langue française… Et si je puis me permettre, vous n'avez pas votre mot à dire !

— Nous ne sommes pas des H à lait !

— *Respect ! Dignité ! Destin !*

La jeune Lou Piotte s'avança.

— Attendez, monsieur Hachtacus, coupa-t-elle.

En tant que jeune femme, elle était pour le dialogue, mais Oscar Havane, à l'évidence, ne l'entendait pas de cette oreille… ni de l'autre. Elle leva les bras en direction des H.

— Nous comprenons votre position et nous respectons votre fonction, mais vous devez comprendre que votre attitude peut mettre Galimatias en danger.

— Nous sommes au bout du rouleau ! contra le rebelle en chef.

*

7

Le discours éclairé de Lou Piotte

Êtes-vous sûr de vous poser les bonnes questions, monsieur Hachtacus ? Il y a de la noblesse à être un H muet.

— Non ! Nous ne servons à rien ! Petite chose futile et inutile, voilà ce qu'est le H muet. Personne ne nous voit, ne nous entend.

— C'est faux ! Certains silences sont plus forts que la parole. Quand vous êtes un H muet, vous permettez aux belles liaisons d'exister… avec lui vous êtes [z]Honorable, vous êtes [z]

Harmonieux, vous êtes [z]Habile, vous pouvez même être un [n]Humain…

Hachtacus avait toujours sa tête boudeuse, mais la rumeur alentour grondait un peu moins fort.

Il essaya de reprendre le dessus.

— Moi, je veux être un Héros, pas une Huître !

— *Ah oui, c'est bien ça ! Nous aussi… des Héros, pas des Huîtres !*

— Des Héros, pas des Huîtres ! Destin ! Dignité !

Lou Piotte leva la main pour demander le calme dans l'assemblée.

— Chers amis, il serait temps de grandir ! Vous êtes en H de comprendre que chacun à sa place dans la société des lettres et des mots ! À Galimatias, nous travaillons pour que l'Outremonde ait une belle langue. C'est une grande et belle mission. Avez-vous songé qu'en devenant des H aspirés, vous pourriez être Harcelés, Harassés ? Que vous pourriez être l'objet de la Honte ? Le début de la Haine ? Le fruit du Hasard ?

— Ah oui, c'est vrai, ça ! cria un H dans la foule. Hein, dis voir, Hachtacus… C'est vrai, ce qu'elle dit la jeune dame !

Hachtacus avait les joues gonflées de colère.

— Mais non ! Ne l'écoutez pas ! Elle essaye de vous manipuler !

— N'empêche que moi, je ne veux pas jouer dans la Haine, lâcha Hachtag.

— Pareil pour moi, fait un autre, je préfère qu'on ne m'entende pas dans l'Histoire plutôt qu'on m'aspire dans le Handicap !

Curieusement, les rangs des H se desserrèrent peu à peu. Certains tournaient même le dos à la manifestation et repartaient vers leur enclos en bougonnant.

Le rebelle en chef commençait à s'affoler en voyant le départ de ses troupes.

— Mais revenez, bande de l'H !

Le pauvre trépignait de rage comme un enfant capricieux.

— Ne le prenez pas mal, Hachtacus, reprit Lou Piotte, dites-vous que le H muet fait aussi des Heureux !

Le rebelle n'eut pas le temps de répondre, car une demi-douzaine de chaventuriers venait d'arriver. Les gardiens de H se déployèrent aussitôt et ne mirent pas longtemps à mettre de l'ordre dans les troupeaux, rendus plus dociles par le discours de mademoiselle Piotte.

Le colonel Le Melon, voyant que la situation tournait à leur avantage, se tourna vers Achille.

— Allez, mon garçon, attrapez-moi ce révolté, cette graine de voyou ! Nous allons lui apprendre l'esprit d'équipe.

Découragé par la tournure des événements, Hachtacus se laissa ficeler sans mot dire.

Lou Piotte s'approcha du prisonnier dépité. Elle souriait avec tendresse.

— Ne vous inquiétez pas, monsieur Hachtacus, je vous promets de tout faire pour sensibiliser les Galimatiens à l'art H.

Il sourit faiblement.

— Merci, mademoiselle… Dites-le à mes potes H.

Oscar Havane, lui aussi, avait retrouvé le sourire et regardait le colonel Le Melon avec une certaine fierté, le torse bombé comme un coq devant les poules.

— Voyez, colonel, que mon discours dans la bouche d'une jeune femme est plutôt efficace, cela passe mieux. Mademoiselle Piotte a le sens de ces choses-là. Elle a le ton et la manière.

— Vous êtes un fin stratège, monsieur le directeur, caressa le policier.

— Bien sûr. Nous n'allions tout de même pas nous laisser ennuyer par une poignée de sauf'H, de sauvages, veux-je dire ! Quant à ce Hachtacus, je compte sur vous, Achille, pour le remettre sur le droit chemin. Moi, je vais prévenir le chef d'atelier de lui réserver une place de choix dans l'Humilité… Cela lui fera le plus grand bien. Muet et Humble. Qu'en pensez-vous, mademoiselle Piotte ?

La jeune femme haussa les épaules.

Comme tout bon médecin qui choisissait de prévenir avant de guérir, elle préférait la pédagogie à la punition.

— Je vous ramène à l'atelier ? proposa le directeur.

— Non merci, monsieur, il fait beau, je préfère rentrer à pied.

Sur le chemin qui la menait à l'usine des mots, Lou Piotte passa devant la forêt aux consonnes où elle entendit les cueilleurs qui chantaient en travaillant. Un peu plus loin, assis sur le bord de la route, elle croisa Germain Houppier, le meilleur bûcheron de la forêt. Il semblait très contrarié et titubait un peu. Lou se demanda s'il n'avait pas la « gueule de bois », ce qui, pour un bûcheron, pourrait se comprendre.

— Bonjour Germain, ça n'a pas tellement l'air d'aller bien fort…

Il se frotta la tête en grimaçant.

— Ah, mademoiselle Piotte, bonjour. Non, ça ne va pas ! Figurez-vous que j'ai pris un mauvais coup sur le cabochon…

— Qui vous a fait une chose pareille ?

— Je ne sais pas, mais le pire, c'est que le cogneur anonyme m'a volé ma Hache !

— Non ?

— Scie !

FIN

Gueule de bois

Sentiment désagréable à la suite d'une trop forte consommation d'alcool. L'expression est relative au fait d'avoir la bouche sèche comme du bois.

Une exception : Pinocchio, qui n'a pas besoin de boire pour avoir la gueule de bois.

Tout a commencé lorsque j'avais sept ou huit ans, à la suite d'un voyage étonnant au pays des lettres et des mots.

C'est un pays qui existe… puisque je l'ai vu.

J'y ai croisé des pêcheurs de voyelles, des cueilleurs de consonnes, j'y ai vu des oiseaux à tire-d'L, des troupeaux de H, des champs de virgules, des forêts d'apostrophes, des chevaux de trait… d'union ; j'y ai aussi vu des B sauvages, des T d'oreiller, des J vrais, des D faux, des accolades se disputer, des parenthèses qui n'arrêtaient pas de l'ouvrir et même des points se mettre sur les i !

J'ai pataugé jusqu'aux mollets dans le marais des mots laids, j'ai visité les mines de crayon, nagé dans le lac au loup-phoque, vu des-O remplis d'amis-mots sauvages, pris des trains de palindromes, des bateaux d'anagrammes…

J'ai le souvenir d'une drôle d'usine où se triaient les lettres pour devenir des mots, qui devenaient des phrases ; j'ai traversé le bureau des proverbes, des expressions, découvert celui des lieux-communs et des idées fixes ; j'ai rencontré des jongleurs de calembours, des contrepéteurs dans le vent, des porteurs de mot-valise, des cracheurs de feuillets… J'y ai vu des fous, beaucoup de fous, des talents fous qui charriaient des histoires merveilleuses ou tragiques avec des personnages grotesques ou héroïques…

C'est un pays de mystère, de bonheur, de connaissances, de surprises… C'est un monde riche, un monde sans limites, un monde en mouvement perpétuel, une contrée pleine de portes qui s'ouvrent sur d'autres portes qui s'ouvrent…

Bien qu'il puisse vous mener au sommet de l'Everest, au centre de la terre, sous les pyramides d'Egypte ou 20 000 lieues sous les mers, ce n'est pas un pays difficile à trouver… Il est là, près de nous, près de vous, à la portée d'une main d'enfant… Il se laisse découvrir, s'ouvrir, se répandre…

C'est un virus !

Mais ce pays n'existe pas ! me disait-on, tu es fou, mon petit Gordon !

Bien sûr que je suis fou… mais le livre n'est-il pas une terre d'asile ?

Gordon Zola

À paraître en juin

Le marais des mots laids

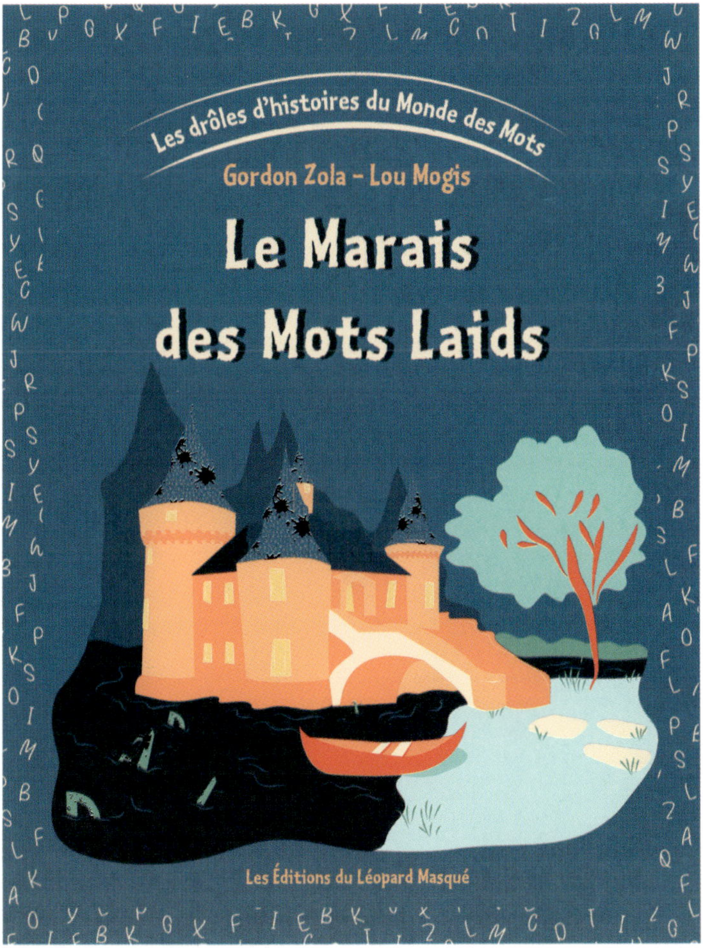

Cet ouvrage a été achevé d'imprimer
en union européenne en mars 2018